PRIX : 50 CENT.

A TOUS CEUX QUI AIMENT

LA FRANCE

Officiers, Sous-Officiers, Soldats

FABLIAUX MILITAIRES

RÉSERVISTES ET TERRITORIAUX

TABLE

1. Portez Armes !
2. Le Colonel.
3. Pommes de terre.
4. Le Fusil.
5. La Gamelle.
6. La goutte du Curé.
7. La Salade.
8. Le vieux Jeu.
9. La Clarinette.
10. La Toupie.
11. Azor.
12. Les Volontaires.
13. La Jarretière du Soldat.
14. Mademoiselle, voulez-vous du tabac?
15. Il nous épluche.
16. Coups de botte.
17. Caporal et Intendant.
18. Sur le Trottoir.
19. Les Pissenlits.
20. Cassation.

SOISSONS

IMPRIMERIE TYPOGRAPHIQUE ET LITHOGRAPHIQUE A. MICHAUX
rue des Rats, 8

1881

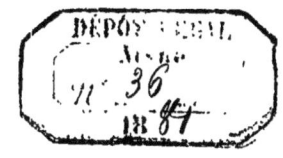

FABLIAUX MILITAIRES.

A TOUS CEUX QUI AIMENT

LA FRANCE

Officiers, Sous-Officiers, Soldats

FABLIAUX MILITAIRES

RÉSERVISTES ET TERRITORIAUX

TABLE

1. Portez Armes !
2. Le Colonel.
3. Pommes de terre.
4. Le Fusil.
5. La Gamelle.
6. La goutte du Curé.
7. La Salade.
8. Le vieux Jeu.
9. La Clarinette.
10. La Toupie.
11. Azor.
12. Les Volontaires.
13. La Jarretière du Soldat.
14. Mademoiselle, voulez-vous du tabac?
15. Il nous épluche.
16. Coups de botte.
17. Caporal et Intendant.
18. Sur le Trottoir.
19. Les Pissenlits.
20. Cassation.

SOISSONS

IMPRIMERIE TYPOGRAPHIQUE ET LITHOGRAPHIQUE A. MICHAUX
rue des Rats, 8

1881.

I

PORTEZ ARMES !

—Portez armes ! — Sergent, pardon, j'ai la colique,
Je me suis levé tôt et je me sens mourir,
Diable de République
Qui v.ent m'empêcher de dormir!
—Portez armes voyons ou deux jours de consigne.
—Sergent, soyez clément
Voyez, je me résigne
Avec beaucoup de dévouement.
Je ne coucherai pas ce soir à la caserne,
Je déjeune plus tard , mon café n'est pas chaud .
Enfin, je suis brisé, mon œil devient tout terne !
La gloire c'est si beau !
—Veux tu bien te cacher, ô soldat de rencontre
Quand nous aurons trimé puis reçu sur la peau
La pluie. Ah ! tu diras en retirant ta montre :
Moi, j'étais là comme eux. — La gloire c'est si beau !

II

LE COLONEL.

Attention ! le colon... Un vieux au beau visage,
Tout verdoyant d'honneur et de simplicité,
S'avance. Tout chacun veut montrer son courage
   Et veut être cité.
Le réserviste assis à la table d'en face
Au café se souvient de ses exploits, le soir,
Je manœuvre très-bien, je manœuvre avec grâce ;
C'est égal ! un grand chef, c'est fait pour émouvoir.
Ah ! ce soir en rentrant, ma femme bien heureuse
   Dira : c'est un soldat, car j'ai déjà frémi ;
Oui, murmure une voix goguenarde et railleuse ;
   Toi, mon ami, soldat : Ou donc as-tu dormi ?

✻

III

POMMES DE TERRE.

—

Eplucher, éplucher, disait un réserviste
Oh ! je n'y coupe pas, je fais mes vingt-huit jours,
Viens, lui dit un soldat qui lance à l'improviste
Une pelure : Attrape toujours !
Ce sont de bons enfants, dit en riant quand même,
Le réserviste en s'en allant.
Ils sont un peu loustics : il faut bien qu'on les aime
Je vais dîner au restaurant !
Et le voilà drapé,
Qui s'attable au café,
Et dépeint ses amis, ses ennemis, l'exercice,
Le nez du lieutenant, le fusil ; oh! 'supplice.
Une femme a passé, qui lui jette tout bas :
Mon cher en épluchant, on fait un bon soldat !

✕

IV

LE FUSIL

La pluie tombe, il fait gris, l'acier luisant se rouille;
Il faut marcher pourtant,
Il faudra l'astiquer ou bien gare à la rouille.
Oh! dit le réserviste, mon brosseur m'attend.
Avec cent sous par mois
La goutte une ou deux fois,
C'est un marché conclu. Beau soldat dilettante,
Lorsqu'au jour du combat en pressant la détente,
Tu lui demanderas de marcher carrément
Alors il répondra: « Va, ton brosseur t'attend.»

V

LA GAMELLE

Ici, là-bas, du pain, de la graisse et du fer,
De la viande, au milieu de la soupe épaissie,
Dans tout cela la cuiller
A coté le couvercle en l'air
Le couteau qui s'agite et fait une éclaircie
Dans ce chaos. Ce n'est pas une table
D'empereurs ni de rois
Et, cela n'est présentable
Que pour un troupier aux abois.
Oui, mais ce troupier-là demain sera la France
Aux prises avec l'étranger;
Dans le fond de ton cœur si tu veux l'espérance,
Réserviste, viens manger.

VI

LA GOUTTE DU CURÉ

La cloche sonne
L'airain résonne,
Et retentit.
Et les fusils se glissent
Et les bras s'assouplissent,
La baïonnette bruit.
Tiens, s'ecrie alors le soldat de réserve
Le curé va boire sa goutte avec bonheur !
Et nous trimons là comme un rang de conserve.
Oh là là ! quel malheur!
Il n'a pas blasphémé ce loustic qui rigole
Est-ce qu'il sait seulement que, sur l'autel porté,
Dieu descend dans sa gloire et dans sa majesté,
Couvrant l'ignorant hébété
De sa lumineuse auréole,
Pour consoler l'âme souffrante,
Qui ne comprend pas son malheur
Du loustic il faut la raillerie ignorante
Qui prouve la bonté du divin Créateur.

VII

LA SALADE

Par le flanc droite, à gauche en ligne,
Ou bien c'est deux jours de consigne.
Les réservistes ahuris
Entrelacent leurs fusils.
Tous les numéros se débardent
Et les sergents en vain attendent
Qu'on retrouve ses pivots.
Quelle salade, crie à bout de patience
Le lieutenant qui leur lance
Tas d'idiots !
Il a raison, sais tu ce bonhomme qui jure,
Quand le combat est au plus fort,
Une erreur c'est peut-être pour toi la blessure,
Pour le pays c'est la mort.

VIII.

LE VIEUX JEU.

Gai, solide, et sérieux, le lieutenant commande.
Et le sergent redit
A droite sur la ligne ; et voilà qu'interdit
Le lieutenant le réprimande.
Réserviste mon cher, vous datez du déluge,
On ne dit plus ces mots, tous les jours progressant
On simplifie, on change, on juge,
Quel est le bon moyen de vivre en combattant.
C'est le vieux jeu, l'ami, laissez moi tout ça là,
Avec l ancien système, c'était la déroute,
Si maintenant encore on doute,
Avec le nouveau l'on battra.

IX.

LA CLARINETTE

Mettez donc la main gauche sous la grenadière !
En arrière
La baïonnette
Est au fourreau.
Tonnerre ! vous jouez de la clarinette
Par ma foi ! c'est nouveau !
Ainsi, criait après la pause, le sous-lieutenant agacé,
Désireux de voir le peloton exercé.
Sur cet instrument-là, se disait un novice,
Nous jouerons quelque jour, et l'air en sera bon !
Vous qui nous apprenez l'exercice,
Un jour avec nos corps, nous vous protégerons !
Nous vous rendrons alors avec reconnaissance
Les soins que tous les jours vous nous avez donnés,
Et mourant tous pour la France,
Aux yeux des peuples étonnés,
Nous apporterons d'un cœur fier,
La clarinette au concert.

X.

LA TOUPIE

———

Eh bien ! c'est çà, tournez à gauche,
Quand on vous dit tout simplement :
A droite, demi tour. Si le canon te fauche,
Tu tourneras moins sottement.
Et remettant avant la pause,
La lame à son fourreau, le lieutenant qui cause
Redit en montrant ses soldats :
Toupie avec l'arme au bras ! !
Ah ! puisse cette voix si brève et menaçante
Nous faire tourner si fort,
Que sortant tous des flancs de la France saignante
Nous frappions au cœur l'ennemi du dehors.

XI
AZOR

Vous reviendrez avec Azor,
Dit en riant le major.
Vous l'attacherez par derrière,
Et la courroie et la lanière
Ne dépasseront pas le bord ;
Où donc est le petit chien ?
Dit effaré le réserviste,
Qui dans la chambre revient
Et veut surprendre à l'improviste,
Le caniche du régiment
Que demande le sergent.
C'est ton sac, imbécile ! il vaut mieux qu'un caniche
Il te porte ton pain et tout ton fourniment.
Il est pour toi bien plus riche
Que le plus riche appartement.
Meublant la campagne déserte,
Il te protège en cas d'alerte
Et si le sommeil te surprend,
Sous la tête il sait doucement
Se fourrer avec complaisance,
Et te faire penser tendrement
A la France

XII

LES VOLONTAIRES

Comme ils manœuvrent bien ! et quel bel officier !
  Tout ça, respire la bataille,
On lutte pour mieux faire, on veut être d'acier,
  On veut répondre à la mitraille.
Ah ! ah ! l'on a compris qu'il faut en lettres d'or
    Graver dans le fond de l'âme
    Les mots courage, honneur et mort,
    Dans le cœur rallumer la flamme.
Vous qui les commandez ! restez toujours brillant !
La beauté sied bien lorsque la balle vite
      Siffle à la suite,
    Et quand on meurt en combattant
    Il faut sur celui qui trépasse,
    Que l'Ange du pays ramasse
Une fleur de beauté qu'il rapporte au vivant.

XIII

LA JARRETIÈRE DU SOLDAT

Tiens tu portes des bas, d'sait au volontaire
Fraîchement débarqué, le vieux soldat pieds nus.
   Prête moi ta jarretière
    Ça ne va plus.
Donne-moi ton manchon, tes fourrures, une canne,
Je trouve le métier trop dur.
Je voudrais des dragées, du sucre, de la manne,
   Des fleurs avec un ciel d'azur.
La cantine est maussade et la table un peu terne.
O vous tous qui passez le seuil de la caserne
Laissez dans le fourreau votre luxe malsain,
Votre rang, votre nom, vos relations du monde.
Apprêtez vous gaiment à faire avec entrain
Pour la Patrie et Dieu le service à la ronde
   Et si le cœur plein de noblesse,
   La triste égalité nous blesse,
   Pour le pays acceptes ce labeur,
   C'est le plus doux des points d'honneur.

XIV

Mademoiselle voulez vous du Tabac ?

La sonnerie
Dont l'harmonie
Toujours se plie
Dit en crécelle
Mademoiselle
C'est du tabac,
Voulez-vous ça ?
Le ceinturon qui glisse
Empêche le novice
De descendre au moment ;
Puis au bout d'un quart d'heure
Il descend. — C'est pas l'heure !
Non d'un tonnerre, dit le sergent,
Que faisiez-vous ?
Vous courez tous
Comme des fous.
Oh ! quel affreux métier, dit l'homme aux vingt huit jours,
Ça ne durera pas toujours.
Ah ! oui, tu veux laisser ta part de mal aux autres,
On se battra pour toi qui fais le bon apôtre.
On te demande un mois
Sur vingt quatre, l'ami, tu ne perds pas au choix.

XV.

IL NOUS ÉPLUCHE !

Il est là le lieutenant,
Marchant et se promenant,
Et surveillant la théorie,
Caporaux, soldats, sergents,
Le regardent en maugréant,
Il nous épluche et nous épie.
O Français d'aujourd'hui ! tu ris si l'on t'épluche,
Et, quand on laisse sur ton cou
La bride sans le frein, te voilà qui trébuche.
Tu dis qu'on te trahis, tu deviens presque fou.
Avecque la gaieté gauloise,
Ami, passe donc sous la toise.
O cheval indompté, qui veut tout ton essor,
Accepte donc aussi le mors.
Chéris ce cavalier qui porte l'uniforme,
Et quand tu sens son éperon,
Dis-toi ce n'est que pour la forme,
Mon lieutenant est bon garçon.

XVI.

COUPS DE BOTTE

    Dans la chambrée où l'on sommeille,
    Voilà qu'un soldat, en chantant,
    Lui tombe dessus, et le réveille,
        Ça n'est pas amusant !
    Et tous les gros mots à la file,
    Suivant le pas du régiment,
    Arrivent dru ! gueule en avant.
    Dam ! il faut décharger sa bile !
    Pourtant la dispute a pris fin,
    Sous le lit on remet l'engin.
Oui ! mais quelque jour sous la tente,
    Celui d'hier qui t'éveillait
    Et contre lequel tu pestais,
    Serrera ta main mourante.
    Il veillera malgré l'obus,
Sur toi, malgré la balle et malgré la mitraille,
Et, pour aller au ciel, voir l'ami qu'il n'a plus,
    Il retourne à la bataille.

XVII

CAPORAL ET INTENDANT.

Ah bah ! tu vas pleurer lorsque l'on te consigne !
Caporal et pompier !
Fait pour gratter le papier.
Tu dis à l'intendant
Qui le contresigne.
Je me plains du lieutenant,
Pour qui sont les galons qui brillent sur ta manche ?
Ils sont de laine en vérité.
L'ami lorsque l'on se démanche
Pour éviter le sort qu'on a bien mérité
On est digne qu'à la bataille
Lorsque crachera la mitraille,
La balle ou bien le canon
Prouve qu'en donnant la consigne,
Le sage lieutenant, par un bonheur insigne,
T'évitait d'être tué ce jour là pour de bon.

XVIII

SUR LE TROTTOIR.

———

Un caporal de carton
Tient son fusil en mirliton
Et sur le trotto'r bien tranquille
Attend que le régiment file,
Pour prendre rang à son tour
Par un détour.
Tu n'as donc pas senti qu'il fallait être à l'heure
Et qu'un soldat partout doit être toujours prêt
Et que si tu voulais rester en ta demeure
Il fallait y rester tout à fait.
Il ne faut pas mêler épinards et salade,
Le repu citoyen avec le bon soldat
On doit dire je suis ou bien faible ou malade
Ou bien toujours porter son fusil à son bras.

XIX

LES PISSENLITS.

—

Le soir à la cantine
On voit des pissenlits
Que mangent par routine
Deux conscrits.
La fourchette en marchant
Frappe aussi la dent.
Tout est gras, peu commode,
Et l'air vous incommode.
Le propos est impur,
Mais l'esprit, qui rayonne,
Soulevant le rideau, qui lui cache l'azur,
Voit de la France la couronne.

XX

CASSATION.

—

Cassé ! silence, pas un mot !
Elève ton cœur et ton âme
Tu trébuchais, tu marchais faux
Redresse-toi ! ne sois pas femme.
Accepte l'arrêt sans frémir
Le cassé peut toujours apprendre à bien mourir

www.ingramcontent.com/pod-product-compliance
Lightning Source LLC
Chambersburg PA
CBHW060918050426
42453CB00010B/1803